Impressum
Verlag: BABADADA GmbH, Nedderfeld 112 , 22529 Hamburg
Geschäftsführer / Verlagsleitung: Harald Hof
Druck: Books on Demand GmbH, In de Tarpen 42, 22848 Norderstedt

Imprint
Publisher: BABADADA GmbH, Nedderfeld 112 , 22529 Hamburg, Germany
Managing Director / Publishing direction: Harald Hof
Print: Books on Demand GmbH, In de Tarpen 42, 22848 Norderstedt

škola
school

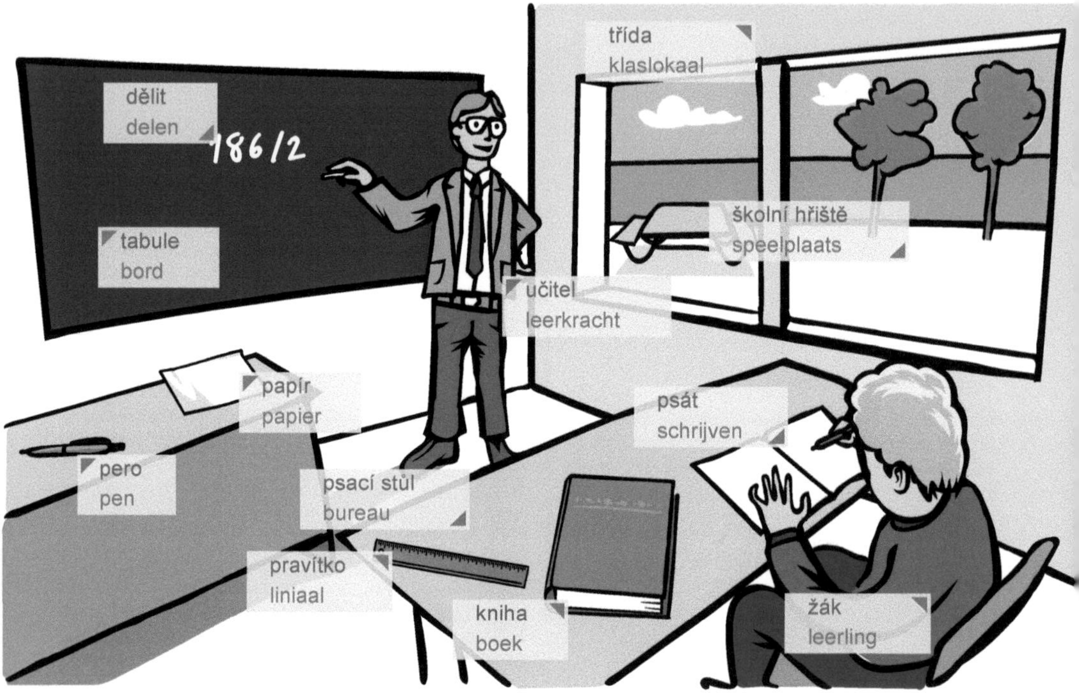

třída
klaslokaal
dělit
delen
186/2
tabule
bord
školní hřiště
speelplaats
učitel
leerkracht
papír
papier
psát
schrijven
pero
pen
psací stůl
bureau
pravítko
liniaal
kniha
boek
žák
leerling

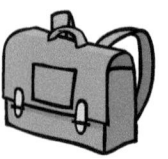

aktovka
schooltas

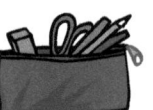

penál
pennenzak

tužka
potlood

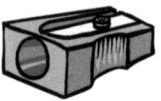

ořezávátko
puntenslijper

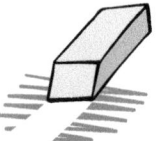

guma
gom

blok na kreslení
tekenblok

výkres

tekening

štětec

verfborstel

malířské potřeby

verfdoos

nůžky

schaar

lepidlo

lijm

cvičebnice

werkboek

domácí úkol

huiswerk

12

počet

nummer

2+2

sčítat

optellen

5-2

odčítat

aftrekken

2×2

násobit

vermenigvuldigen

počítat

rekenen

písmeno

letter

ABCDEFG HIJKLMN OPQRSTU VWXYZ

abeceda

alfabet

slovo

woord

text

tekst

číst

Lezen

křída

krijt

hodina

les

třídní kniha

klassenboek

zkouška

examen

vysvědčení

certificaat

školní uniforma

schooluniform

vzdělání

onderwijs

encyklopedie

encyclopedie

univerzita

universiteit

mikroskop

microscoop

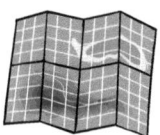

karta

kaart

odpadkový koš na papír

papiermand

škola - school

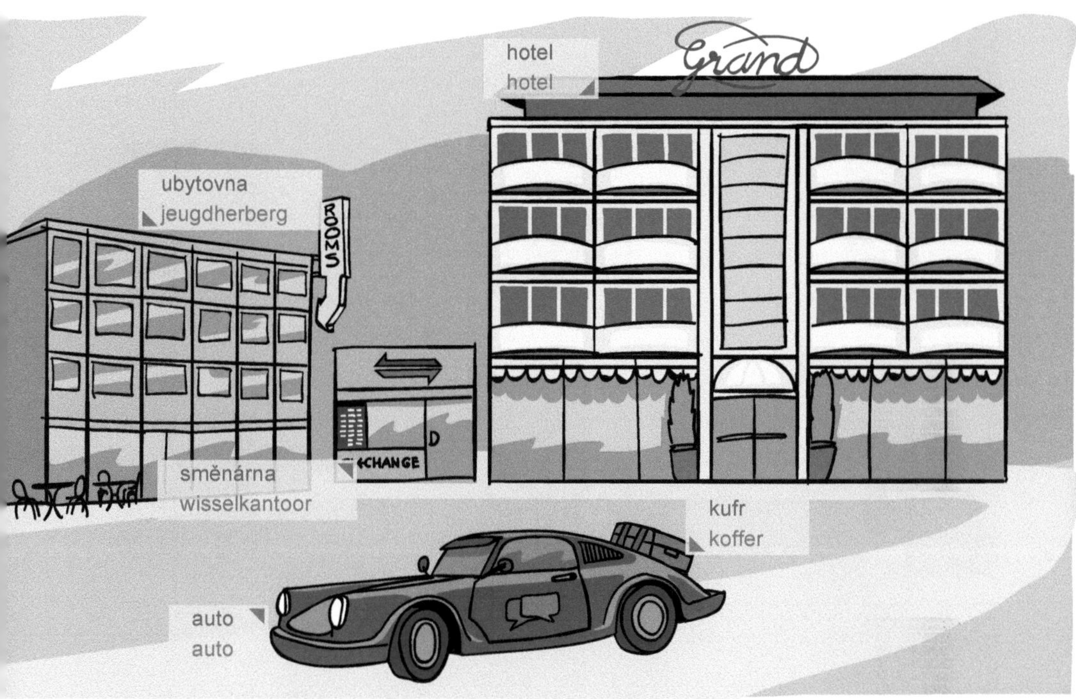

hotel
hotel

ubytovna
jeugdherberg

ROOMS

směnárna
wisselkantoor

EXCHANGE

kufr
koffer

auto
auto

jazyk

Taal

ano / ne

ja / nee

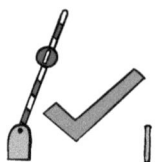

oukej

oké

Ahoj!

hallo

překladatel

vertaler

děkuji

bedankt

Kolik stojí...?

Hoeveel kost ...?

nerozumím

Ik begrijp het niet

problém

probleem

Dobrý večer!

Goedenavond!

Dobré ráno!

Goedemorgen!

Dobrou noc!

Goedenavond!

na shledanou

Tot ziens

směr

richting

zavazadlo

bagage

taška

zak

batoh

rugzak

host

gast

pokoj

kamer

spací pytel

slaapzak

stan

tent

turistické informace

toeristeninformatie

pláž

strand

kreditní karta

kredietkaart

snídaně

ontbijt

oběd

lunch

večeře

avondeten

jízdenka

ticket

výtah

lift

poštovní známka

postzegel

hranice

grens

clo

douane

poselství

ambassade

vízum

visum

pas

paspoort

transport
transport

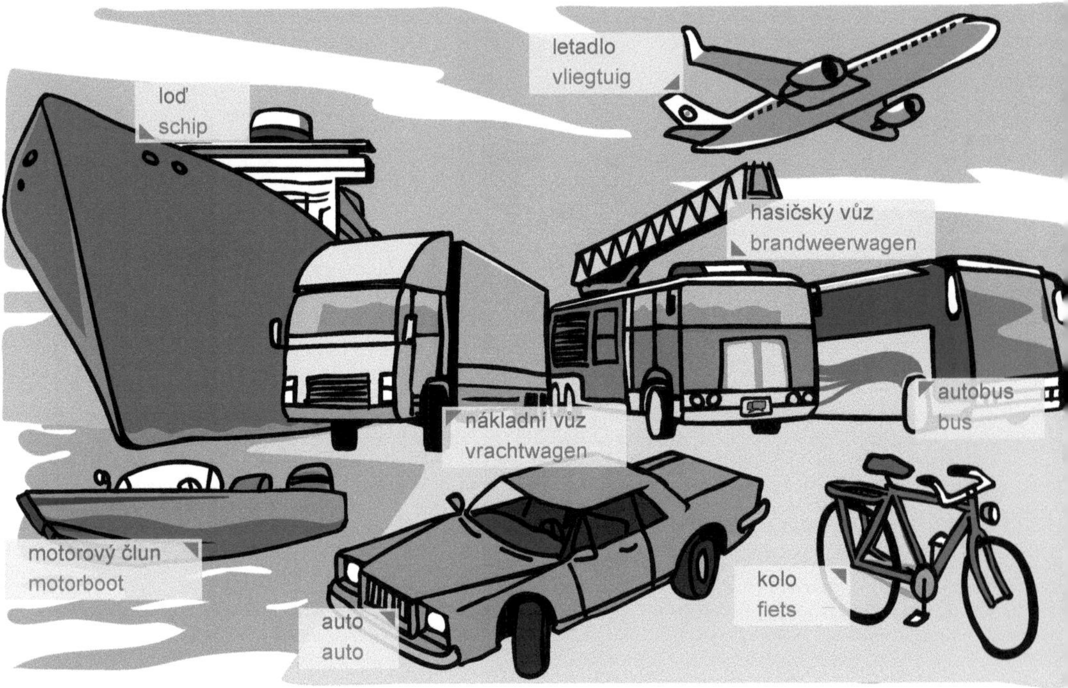
letadlo
vliegtuig
loď
schip
hasičský vůz
brandweerwagen
autobus
bus
nákladní vůz
vrachtwagen
motorový člun
motorboot
kolo
fiets
auto
auto

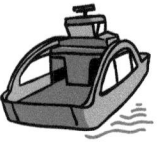

přívoz

veerboot

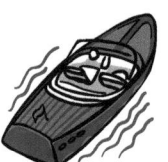

člun

boot

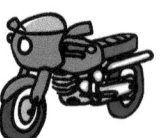

motorka

motor

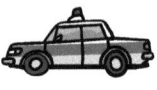

policejní auto

politiewagen

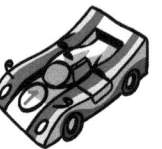

závodní auto

racewagen

pronajaté auto

huurauto

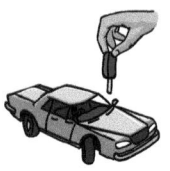

sdílení aut

carpoolen

odtahová služba

sleepwagen

popelářský vůz

vuilniswagen

motor

motor

palivo

benzine

čerpací stanice

benzinestation

dopravní značka

verkeersbord

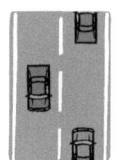

doprava

verkeer

dopravní zácpa

file

parkoviště

parkeerplaats

vlakové nádraží

station

koleje

sporen

vlak

trein

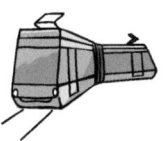

tramvaj

tram

vagón

wagon

helikoptéra

helikopter

letiště

luchthaven

věž

toren

pasažér

passagier

kontejner

container

kartón

karton

trakař

kar

koš

mand

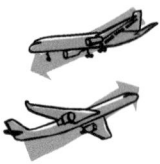

vzlétnout / přistát

opstijgen / landen

město

stad

vesnice

dorp

střed města

stadscentrum

dům

huis

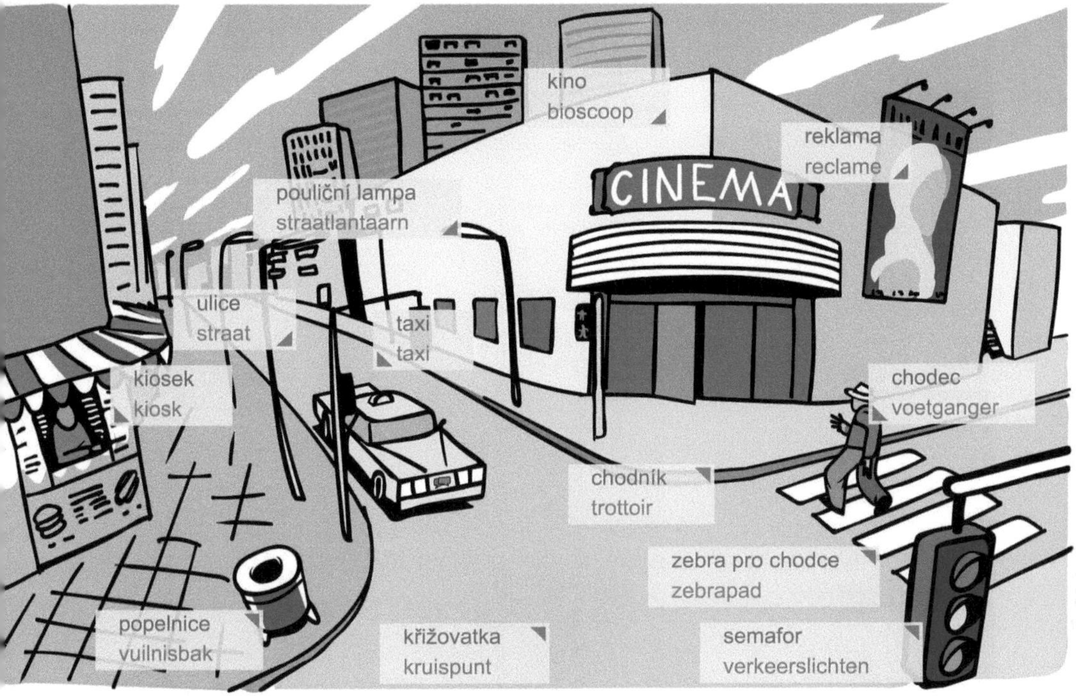

kino
bioscoop

reklama
reclame

pouliční lampa
straatlantaarn

CINEMA

ulice
straat

taxi
taxi

chodec
voetganger

kiosek
kiosk

chodník
trottoir

zebra pro chodce
zebrapad

popelnice
vuilnisbak

křižovatka
kruispunt

semafor
verkeerslichten

chata
hut

byt
woning

vlakové nádraží
station

radnice
stadshuis

muzeum
museum

škola
school

univerzita

universiteit

banka

bank

nemocnice

ziekenhuis

hotel

hotel

lékárna

apotheek

kancelář

kantoor

knihkupectví

boekwinkel

obchod

winkel

květinářství

bloemenwinkel

supermarket

supermarkt

tržnice

markt

obchodní dům

warenhuis

rybárna

vishandelaar

nákupní centrum

winkelcentrum

přístav

haven

park

park

lavička

bank

most

brug

schody

trap

metro

metro

tunel

tunnel

autobusová zastávka

bushalte

bar

bar

restaurace

restaurant

poštovní schránka

brievenbus

pouliční tabule

straatnaambord

parkovací hodiny

parkeermeter

zoo

zoo

plovárna

zwembad

mešita

moskee

usedlost

boerderij

znečišťování životního prostředí

milieuverontreiniging

hřbitov

kerkhof

církev

kerk

hřiště

speelplaats

chrám

tempel

krajina
landschap

list
blad

rozcestník
wegwijzer

cesta
weg

louka
weide

kámen
steen

turista
wandelaar

strom
boom

řeka
rivier

tráva
gras

květina
bloem

údolí

vallei

hora

heuvel

jezero

meer

les

bos

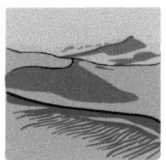

poušť

woestijn

sopka

vulkaan

zámek

kasteel

duha

regenboog

houba

paddenstoel

palma

palmboom

komár

mug

moucha

vlieg

mravenec

mier

včela

bijl

pavouk

spin

krajina - landschap

brouk

kever

žába

kikker

veverka

eekhoorn

ježek

egel

zajíc

haas

sova

uil

pták

vogel

labuť

zwaan

divoké prase

wild zwijn

jelen

hert

los

eland

přehrada

dam

větrné kolo

windturbine

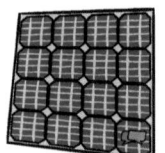

solární panel

zonnepaneel

podnebí

klimaat

restaurace
restaurant

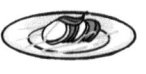

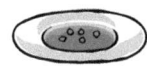

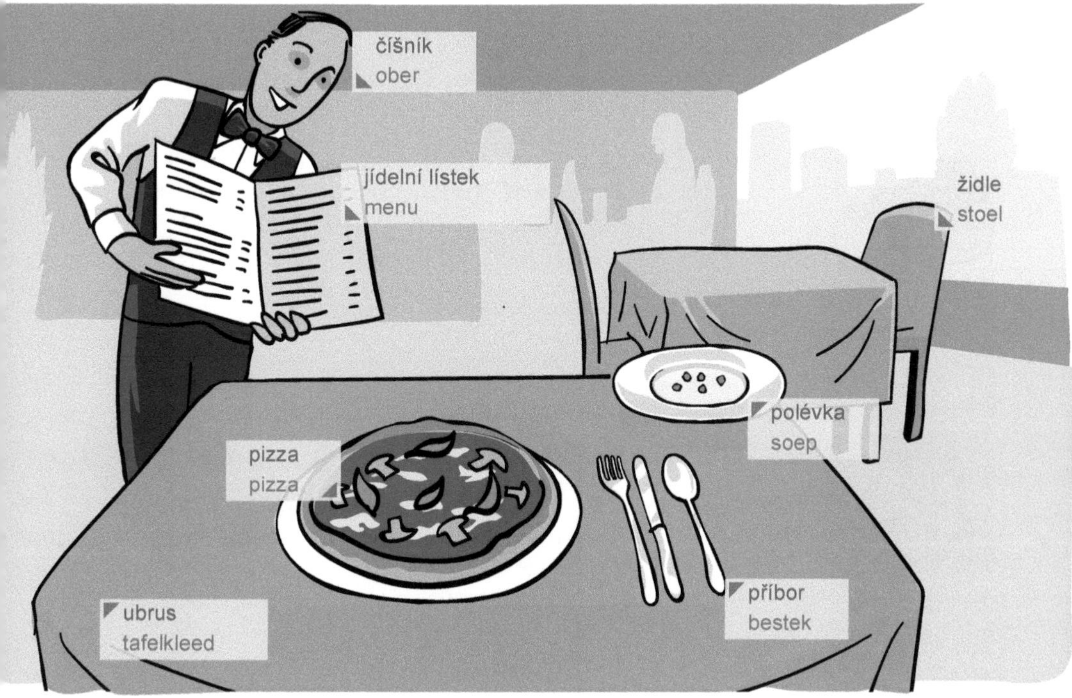

číšník
ober
jídelní lístek
menu
židle
stoel
polévka
soep
pizza
pizza
ubrus
tafelkleed
příbor
bestek

předkrm

voorgerecht

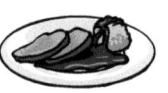

hlavní chod

hoofdgerecht

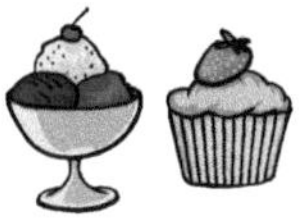

dezert

nagerecht

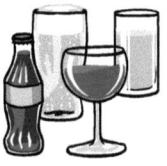

nápoje

drankjes

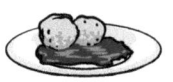

jídlo

eten

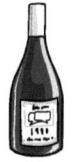

láhev

fles

rychlé občerstvení

fastfood

pouliční občerstvení

street food

čajová konvice

theepot

cukřenka

suikerpot

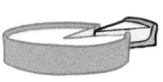

porce

portie

kávovar na espresso

espressomachine

dětská stolička

kinderstoel

faktura

rekening

tác

dienblad

nůž

mes

vidlička

vork

lžíce

lepel

čajová lyžička

theelepel

ubrousek

serviette

sklenička

glas

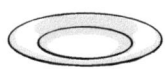

talíř

bord

talíř na polévku

soepbord

podšálek

schoteltje

omáčka

saus

slánka

zoutvatje

mlýnek na pepř

pepermolen

ocet

azijn

olej

olie

koření

kruiden

kečup

ketchup

hořčice

mosterd

majonéza

mayonaise

supermarket
supermarkt

nabídka
aanbieding
FOR
zákazník
klant
mléčné výrobky
zuivelproducten
ovoce
fruit
nákupní vozík
winkelwagen

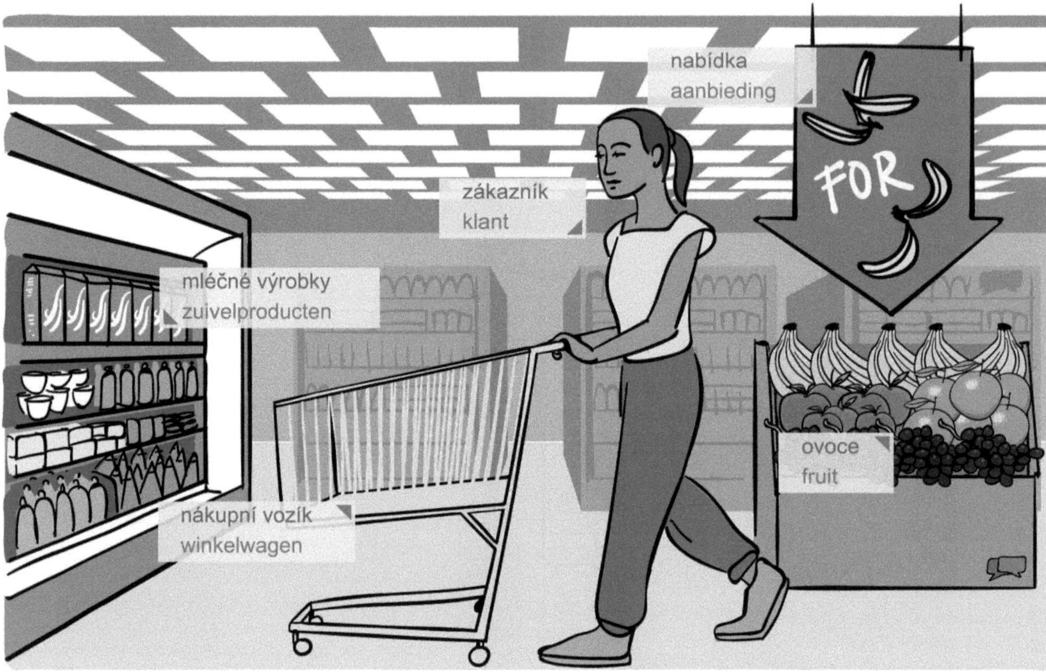

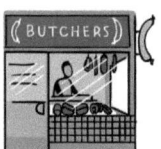

BUTCHERS

masna

slagerij

BAKERY

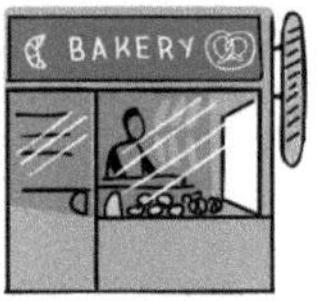

pekařství

bakkerij

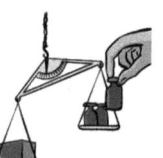

vážit

wegen

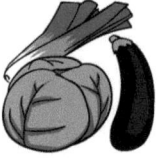

zelenina

groenten

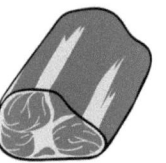

maso

vlees

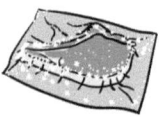

mražené potraviny

diepvriesvoedsel

obložený talíř
charcuterie

konzervy
conserven

prací prášek
waspoeder

cukrovinky
snoep

výrobky pro domácnost
huishoudproducten

čisticí prostředek
schoonmaakproducten

prodavačka
verkoopster

pokladna
kassa

pokladní
kassier

nákupní seznam
boodschappenlijstje

otevírací doba
openingstijden

peněženka
portefeuille

kreditní karta
kredietkaart

taška
tas

igelitová taška
plastieken zakje

voda

water

džus

sap

mléko

melk

kola

cola

víno

wijn

pivo

bier

alkohol

alcohol

kakao

cacao

čaj

thee

káva

koffie

espresso

espresso

kapučíno

cappuccino

banán

banaan

jablko

appel

pomeranč

sinaasappel

meloun

meloen

citrón

citroen

mrkev

wortel

česnek

knoflook

bambus

bamboe

cibule

ajuin

houba

champignon

ořechy

noten

těstoviny

noodles

špageti

spaghetti

rýže

rijst

salát

salade

hranolky

frieten

americké brambory

gebakken aardappelen

pizza

pizza

hamburger

hamburger

sendvič

sandwich

řízek

kalfslapje

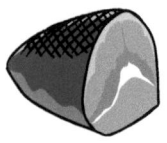

šunka

ham

salám

salami

salám

worst

kuře

kip

pečeně

braden

ryby

vis

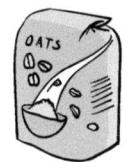

ovesné vločky

havervlokken

müsli

muesli

vločky

cornflakes

mouka

bloem

croissant

croissant

houska

pistolet

chléb

brood

toast

toast

sušenky

koekjes

máslo

boter

tvaroh

kwark

buchta

taart

vejce

ei

volské oko

spiegelei

sýr

kaas

zmrzlina

ijs

cukr

suiker

med

honing

marmeláda

confituur

nugátový krém

choco

kari

curry

jídlo - eten

usedlost
boerderij

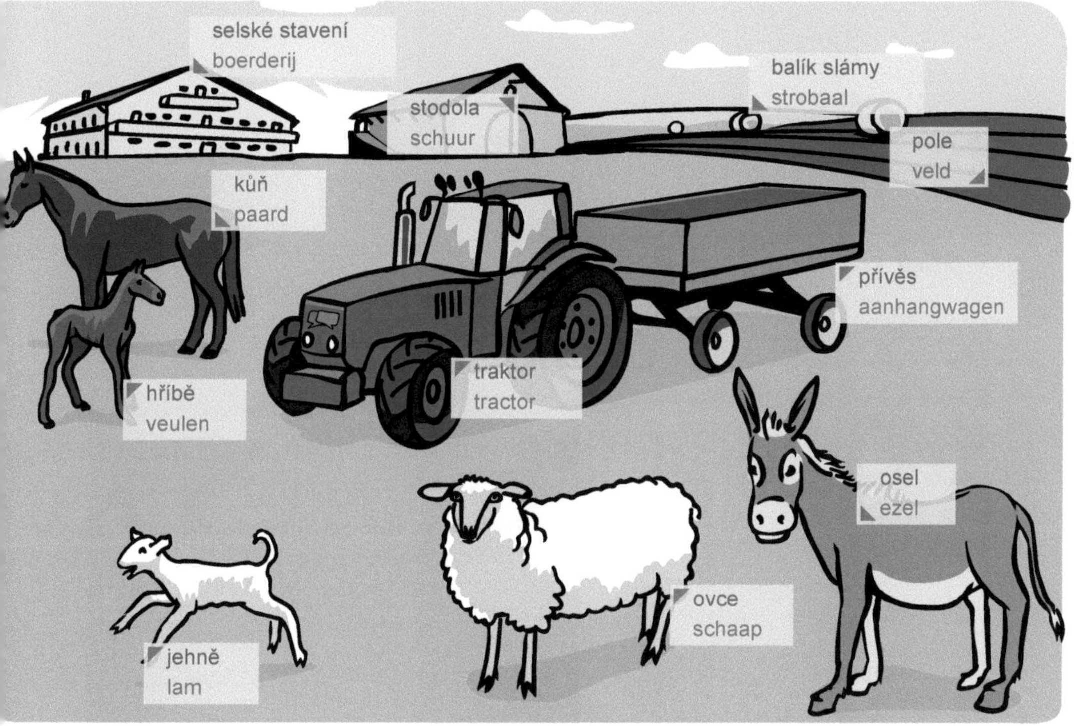

selské stavení
boerderij
stodola
schuur
balík slámy
strobaal
pole
veld
kůň
paard
přívěs
aanhangwagen
hříbě
veulen
traktor
tractor
osel
ezel
ovce
schaap
jehně
lam

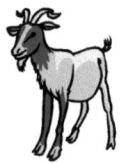

koza

geit

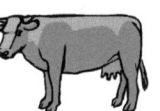

kráva

koe

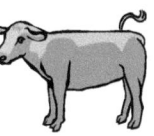

tele

kalf

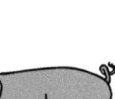

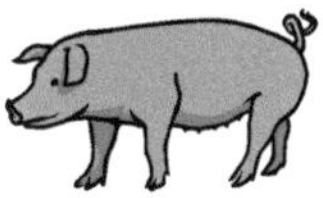

prase

varken

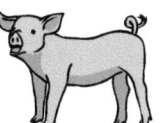

sele

biggetje

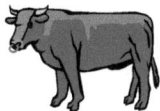

býk

stier

husa

gans

kachna

eend

kuře

kuiken

slepice

kip

kohout

haan

krysa

rat

kočka

kat

myš

muis

vůl

os

pes

hond

psí bouda

hondenhok

zahradní hadice

tuinslang

kropicí konev

gieter

kosa

zeis

pluh

ploeg

srp
sikkel

motyka
schoffel

vidle
hooivork

sekera
bijl

kolecko
kruiwagen

koryto
trog

konev na mléko
melkkan

pytel
zak

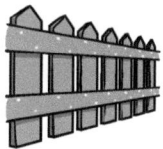

plot
hek

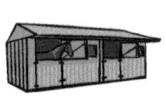

stáj
stal

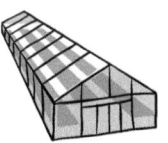

skleník
broeikas

půda
bodem

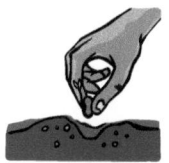

osivo
zaad

hnojivo
mest

kombajn
maaidorser

sklidit

oogsten

sklizeň

oogst

smldinec

yam

pšenice

tarwe

sója

soja

brambora

aardappel

kukuřice

maïs

řepka

koolzaad

ovocný strom

fruitboom

maniok

maniok

obilí

graan

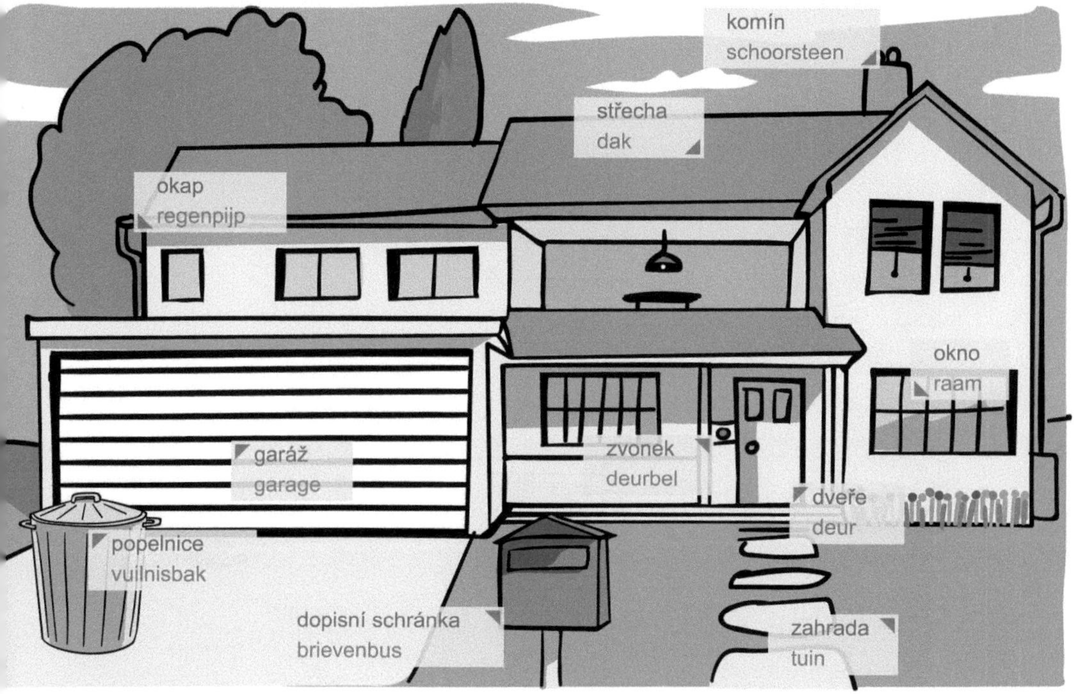

komín
schoorsteen

střecha
dak

okap
regenpijp

okno
raam

garáž
garage

zvonek
deurbel

dveře
deur

popelnice
vuilnisbak

dopisní schránka
brievenbus

zahrada
tuin

obývací pokoj

woonkamer

koupelna

badkamer

kuchyně

keuken

ložnice

slaapkamer

dětský pokoj

kinderkamer

jídelna

eetkamer

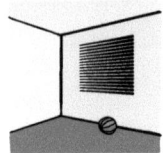

podlaha

vloer

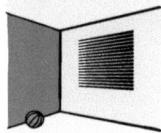

zeď

muur

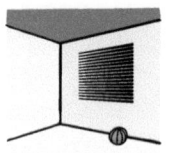

deka

plafond

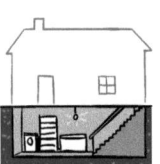

sklep

kelder

sauna

sauna

balkón

balkon

terasa

terras

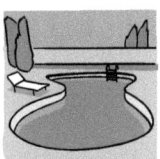

bazén

zwembad

sekačka na trávu

grasmaaier

ložní prádlo

dekbedovertrek

lůžková přikrývka

dekbed

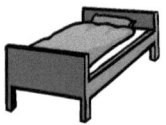

postel

bed

smeták

bezem

kýbl

emmer

vypínač

schakelaar

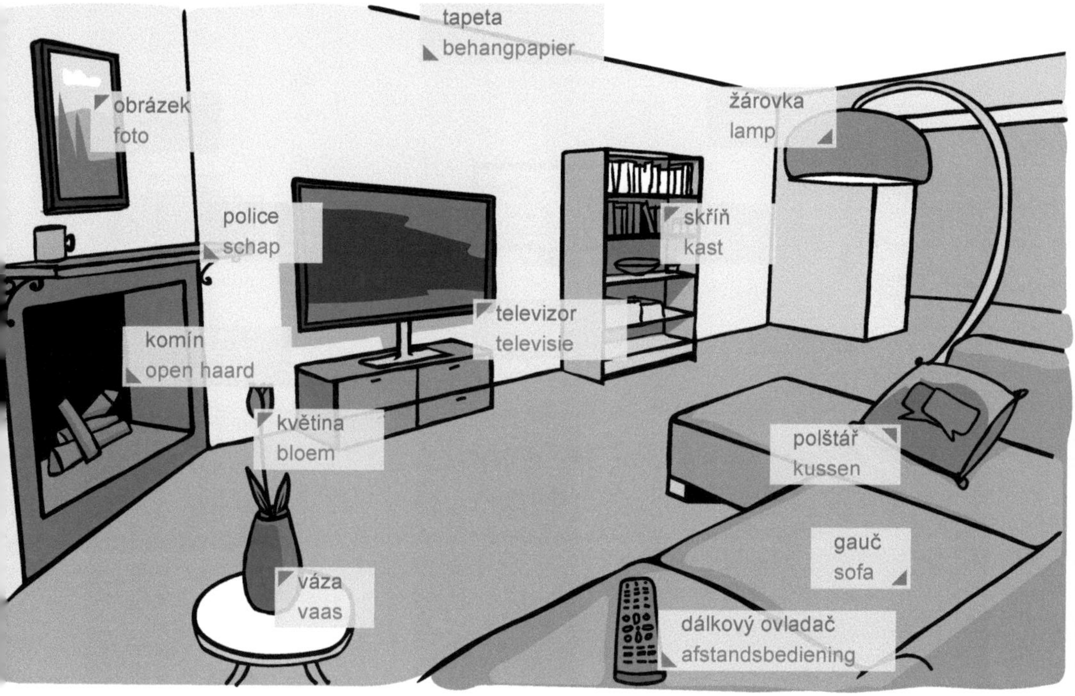

tapeta
behangpapier

obrázek
foto

žárovka
lamp

police
schap

skříň
kast

komín
open haard

televizor
televisie

květina
bloem

polštář
kussen

gauč
sofa

váza
vaas

dálkový ovladač
afstandsbediening

koberec
mat

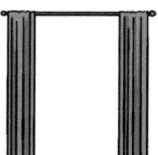

závěs
gordijn

stůl
tafel

židle
stoel

houpací křeslo
schommelstoel

křeslo
fauteuil

kniha

boek

strop

deken

ozdoba

decoratie

palivové dříví

brandhout

film

film

stereo souprava

stereo-installatie

klíč

sleutel

noviny

krant

malba

schilderij

plakát

poster

rádio

radio

poznámkový blok

notitieboekje

vysavač

stofzuiger

kaktus

cactus

svíce

kaars

kuchyně
keuken

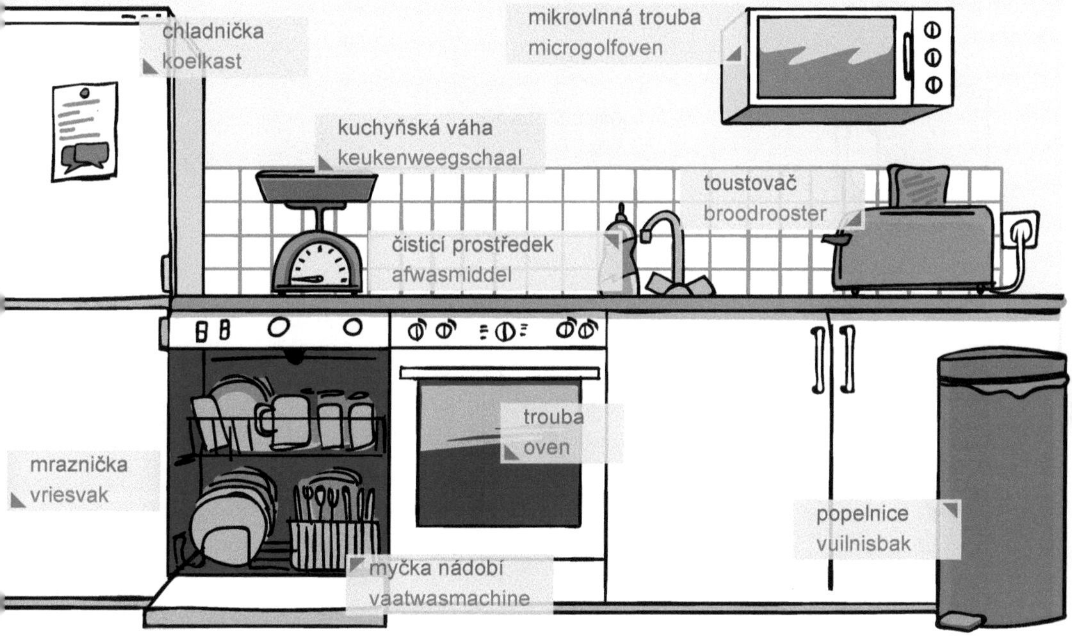
chladnička
koelkast
mikrovlnná trouba
microgolfoven
kuchyňská váha
keukenweegschaal
toustovač
broodrooster
čisticí prostředek
afwasmiddel
trouba
oven
mraznička
vriesvak
popelnice
vuilnisbak
myčka nádobí
vaatwasmachine

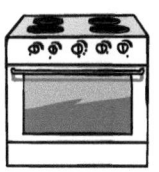

sporák
fornuis

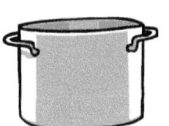

hrnec
pot

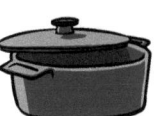

litinový hrnec
gietijzeren pot

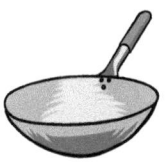

wok / kadai
wok / kadai

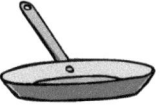

pánev
pan

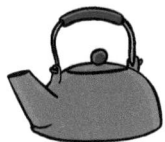

varná konvice
waterkoker

parní hrnec

stoomkoker

plech na pečení

bakplaat

nádobí

servies

hrnek

mok

miska

kom

jídelní hůlky

eetstokjes

naběračka

pollepel

obracečka

spatel

metla

garde

síto

vergiet

cedník

zeef

struhadlo

rasp

hmoždíř

mortier

gril

barbecue

ohniště

haardvuur

kuchyně - keuken

prkénko na krájení

snijplank

váleček na těsto

deegrol

vývrtka

kurkentrekker

dóza

blik

otvírák na konzervy

blikopener

chňapka

pannenlap

umyvadlo

gootsteen

kartáč na nádobí

borstel

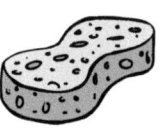

houba

spons

mixér

blender

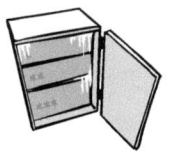

mrazák

vriezer

dětská lahev

papfles

kohoutek

kraan

koupelna
badkamer

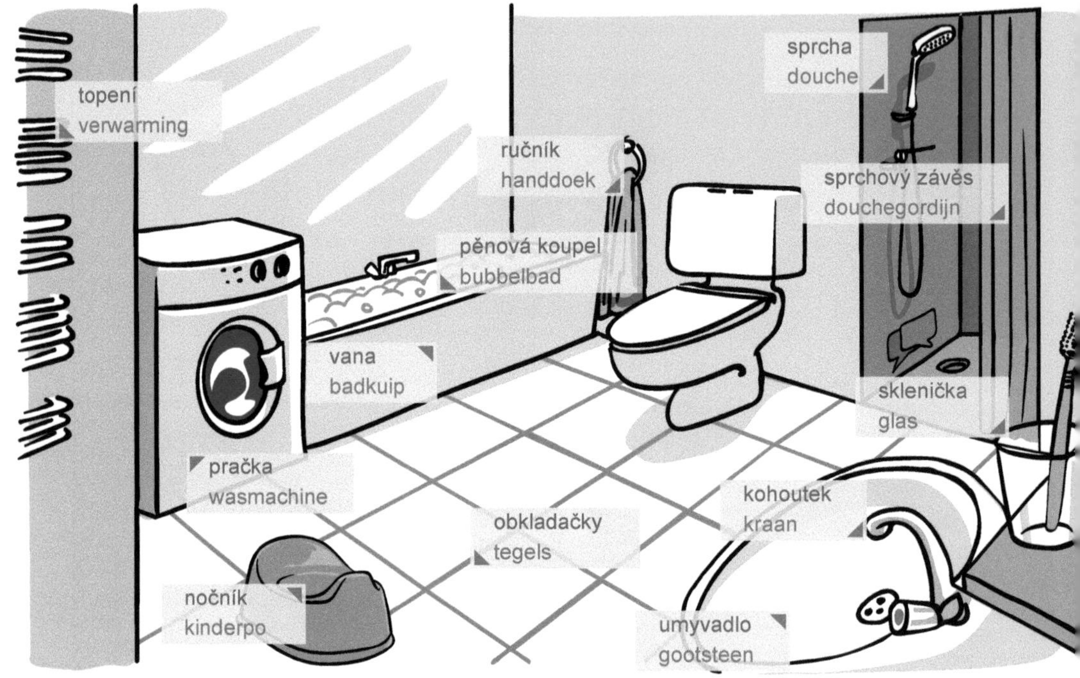
topení
verwarming
ručník
handdoek
sprcha
douche
sprchový závěs
douchegordijn
pěnová koupel
bubbelbad
vana
badkuip
sklenička
glas
pračka
wasmachine
kohoutek
kraan
obkladačky
tegels
nočník
kinderpo
umyvadlo
gootsteen

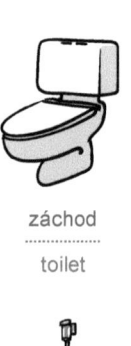

záchod

toilet

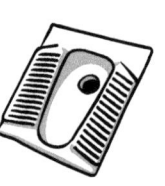

turecký záchod

hurktoilet

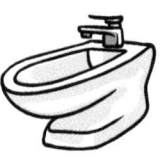

bidet

bidet

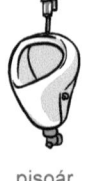

pisoár

urinoir

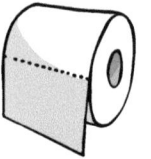

toaletní papír

toiletpapier

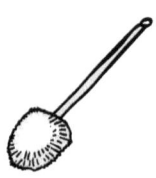

záchodová štětka

toiletborstel

zubní kartáček

tandenborstel

zubní pasta

tandpasta

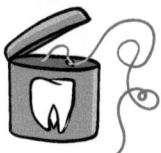

zubní niť

flosdraad

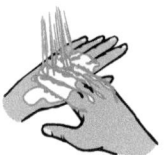

mýt

wassen

ruční sprcha

handdouche

intimní sprcha

bidethanddouche

umyvadlo

waskom

kartáč na záda

rugborstel

mýdlo

zeep

sprchový gel

douchegel

šampón

shampoo

žínka

washandje

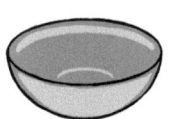

odpad

afvoer

krém

crème

deodorant

deodorant

zrcadlo

spiegel

kosmetické zrcátko

handspiegel

holicí strojek

scheermes

pěna na holení

scheerschuim

voda po holení

aftershave

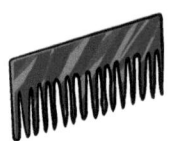

hřeben

kam

kartáč

borstel

fén

haardroger

lak na vlasy

haarlak

makeup

make-up

rtěnka

lippenstift

lak na nehty

nagellak

vata

watten

nůžky na nehty

nagelknipper

parfém

parfum

aška s toaletními potřebami

toilettas

stolička

kruk

váha

weegschaal

župan

badjas

gumové rukavice

latex handschoenen

tampón

tampon

dámská vložka

maandverband

chemická toaleta

chemisch toilet

dětský pokoj
kinderkamer

budík
wekker
plyšová hračka
knuffel
autíčko
speelgoedauto
chrastítko
rammelaar
domeček pro panenky
poppenhuis
dárek
geschenk

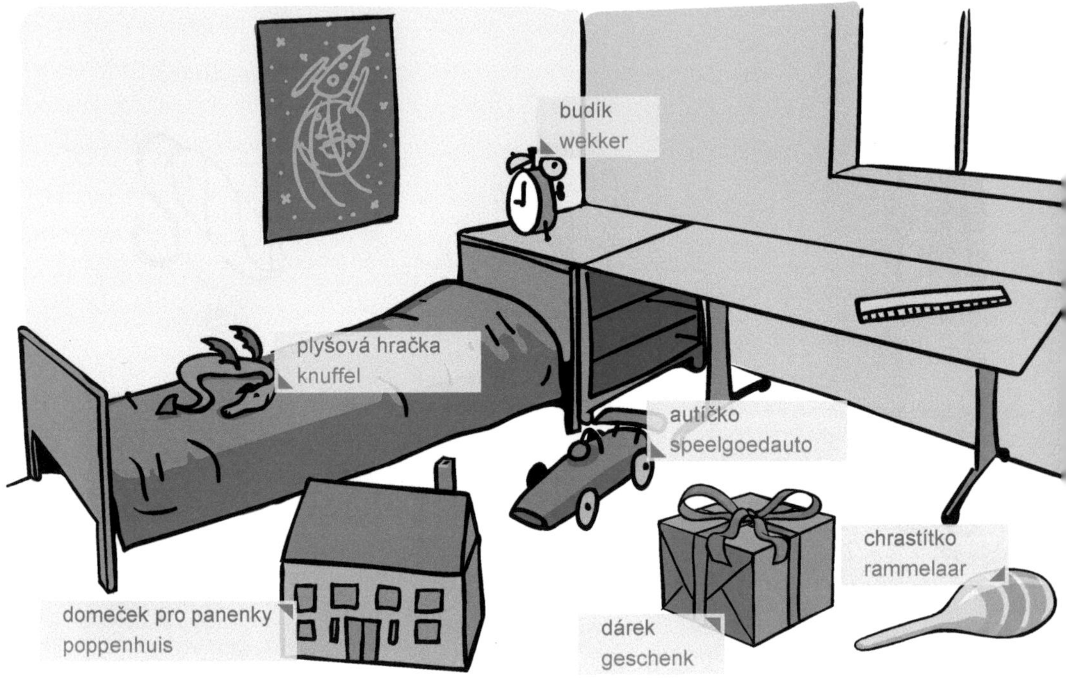

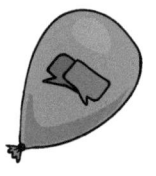

balón

ballon

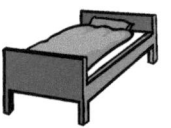

postel

bed

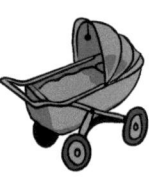

kočárek

kinderwagen

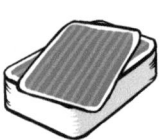

balíček karet

spel kaarten

puzzle

puzzel

SUPER
MEGA

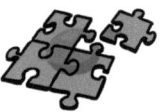

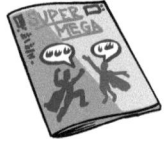

komiks

stripboek

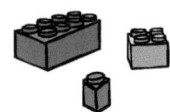

lego kostky

legoblokjes

stavebnice

blokken

akční figurka

actiefiguur

dupačky

kruippakje

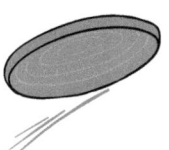

frisbee

frisbee

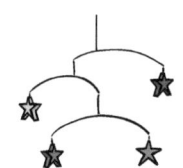

závěsné hračky nad postýlku

mobiel

desková hra

bordspel

kostky

dobbelsteen

modelová železnice

modelspoorweg

dudlík

fopspeen

oslava

feest

obrázková kniha

prentenboek

míč

bal

panenka

pop

hrát si

spelen

dětský pokoj - kinderkamer

pískoviště

zandbak

houpačka

schommel

hračky

speelgoed

hrací konzole

spelconsole

tříkolka

driewieler

medvídek

knuffelbeer

šatník

kleerkast

oblečení
kleding

ponožky

sokken

punčochy

kousen

punčochové kalhoty

maillot

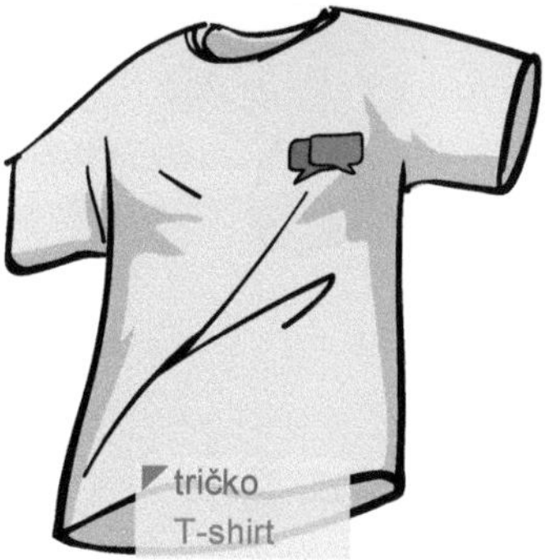

šála
sjaal

pásek
riem

deštník
paraplu

tričko
T-shirt

tenisky
sneakers

kozačky
laarzen

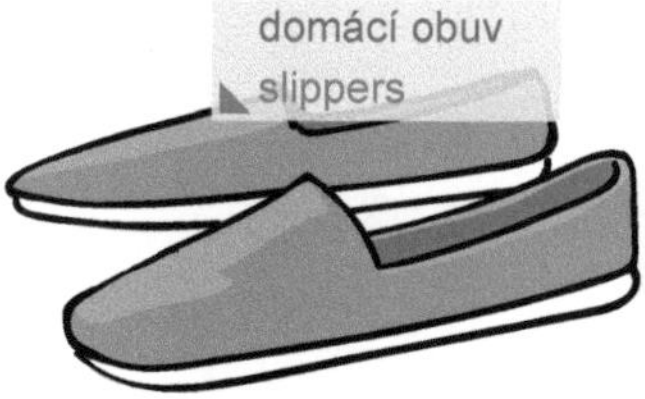

domácí obuv
slippers

sandály

sandalen

obuv

schoenen

holínky

rubberlaarzen

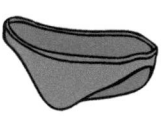

spodní prádlo

onderbroek

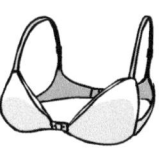

podprsenka

beha

nátělník

onderhemd

body

lichaam

kalhoty

broek

džíny

jeans

sukně

rok

blůza

blouse

košile

hemd

svetr

trui

mikina

capuchontrui

blejzr

blazer

bunda

jas

kabát

jas

pláštěnka

regenjas

kostým

kostuum

šaty

jurk

svatební šaty

trouwjurk

oblek
pak

noční košile
nachthemd

pyžamo
pyjama

sárí
sari

šátek na hlavu
hoofddoek

turban
tulband

burka
boerka

kaftan
kaftan

abája
abaya

plavky
badpak

pánské plavky
zwembroek

kraťasy
short

tepláková souprava
trainingspak

zástěra
schort

rukavice
handschoenen

knoflík

knoop

brýle

bril

náramek

armband

náhrdelník

ketting

prsten

ring

náušnice

oorbel

čepice

pet

ramínko

kapstok

klobouk

hoed

kravata

das

zip

rits

helma

helm

kšandy

bretellen

školní uniforma

schooluniform

uniforma

uniform

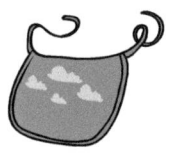

bryndák

slabbetje

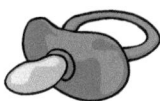

dudlík

fopspeen

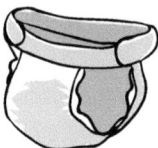

plena

luier

kancelář
kantoor

server
server
kartotéka
dossierkast
tiskárna
printer
papír
papier
monitor
monitor
myš
muis
psací stůl
bureau
šanon
map
klávesnice
toestenbord
odpadkový koš na papír
papiermand
počítač
computer
židle
stoel

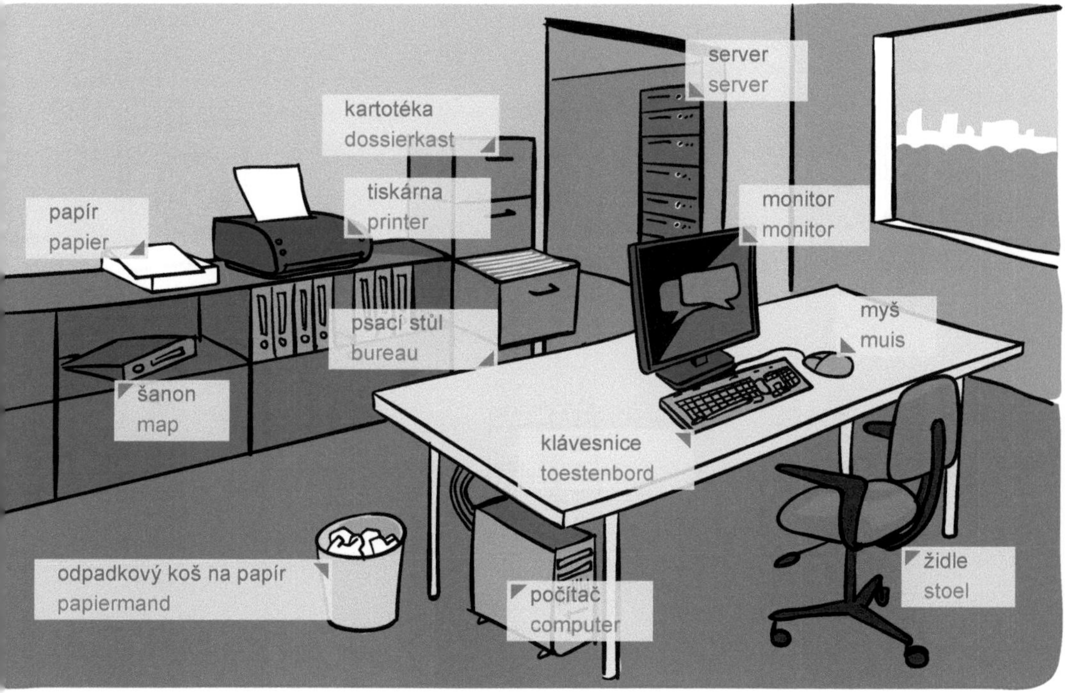

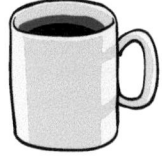

hrnek na kávu

koffiemok

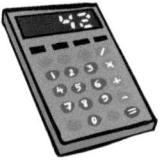

kalkulačka

rekenmachine

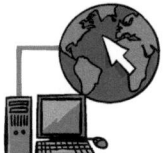

internet

internet

notebook

laptop

dopis

brief

zpráva

bericht

mobil

gsm

síť

netwerk

kopírka

kopieerapparaat

software

software

telefon

telefoon

zásuvka

stopcontact

fax

fax

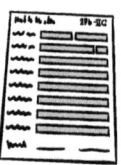

formulář

formulier

dokument

document

nakupovat
kopen

zaplatit
betalen

jednat
handelen

peníze
geld

dolar
dollar

euro
euro

jen
yen

rubl
roebel

frank
Zwitserse frank

juan
Chinese renminbi

rupie
roepie

bankomat
geldautomaat

směnárna

wisselkantoor

zlato

goud

stříbro

zilver

olej

olie

energie

energie

cena

prijs

smlouva

contract

daň

belasting

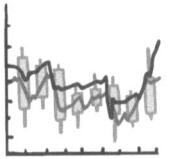

akcie

aandeel

pracovat

werken

zaměstnanec

werknemer

zaměstnavatel

werkgever

továrna

fabriek

obchod

winkel

povolání
beroepen

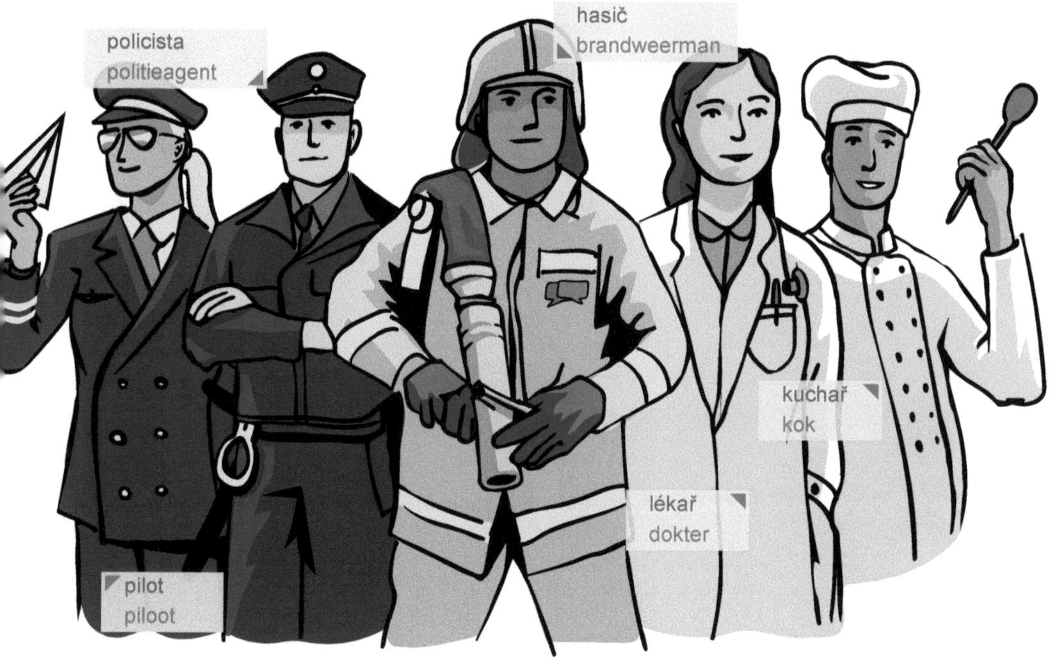
policista
politieagent
hasič
brandweerman
kuchař
kok
lékař
dokter
pilot
piloot

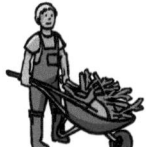

zahradník

tuinman

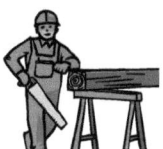

truhlář

timmerman

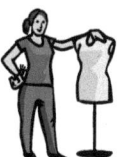

švadlena

naaister

soudce

rechter

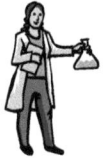

chemik

chemicus

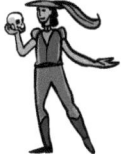

herec

acteur

řidič autobusu

buschauffeur

řidič taxi

taxichauffeur

rybář

visser

uklízečka

schoonmaakster

pokrývač

dakdekker

číšník

ober

myslivec

jager

malíř

schilder

pekař

bakker

elektrikář

elektricien

stavební dělník

bouwvakker

inženýr

ingenieur

řezník

slager

klempíř

loodgieter

listonoš

postbode

voják

soldaat

architekt

architect

pokladní

kassier

florista

bloemist

kadeřník

kapper

průvodčí

conducteur

mechanik

mecanicien

kapitán

kapitein

zubař

tandarts

vědec

wetenschapper

rabín

rabbijn

imám

imam

mnich

monnik

duchovní

geestelijke

nářadí
werktuigen

kladivo
hamer
kleště
tang
šroubovák
schroevendraaier
klíč
schroefsleutel
kapesní svítilna
zaklamp

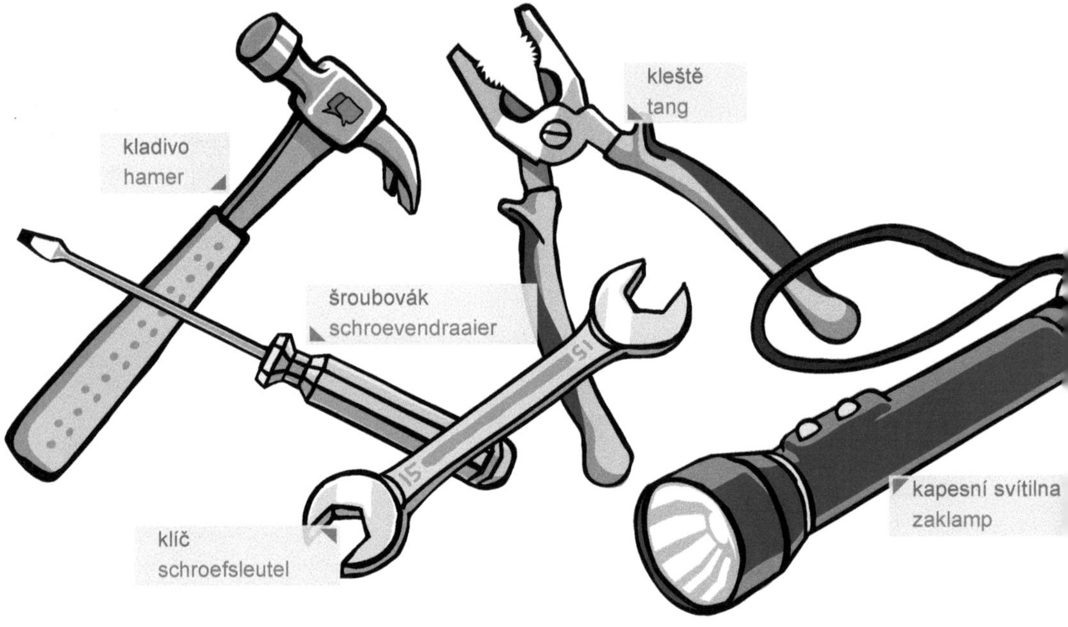

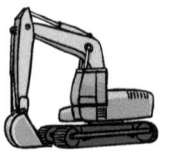

bagr

graafmachine

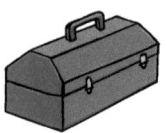

skříň na nářadí

gereedschapskoffer

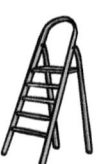

žebřík

ladder

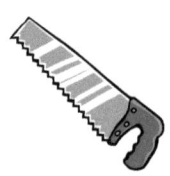

pila

zaag

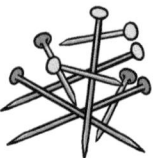

hřebíky

spijkers

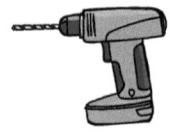

vrtačka

boormachine

opravit

repareren

lopata

schop

Kurva!

Verdomme!

lopatka

blik

vědroé na barvu

verfpot

šrouby

schroeven

hudební nástroje
muziekinstrumenten

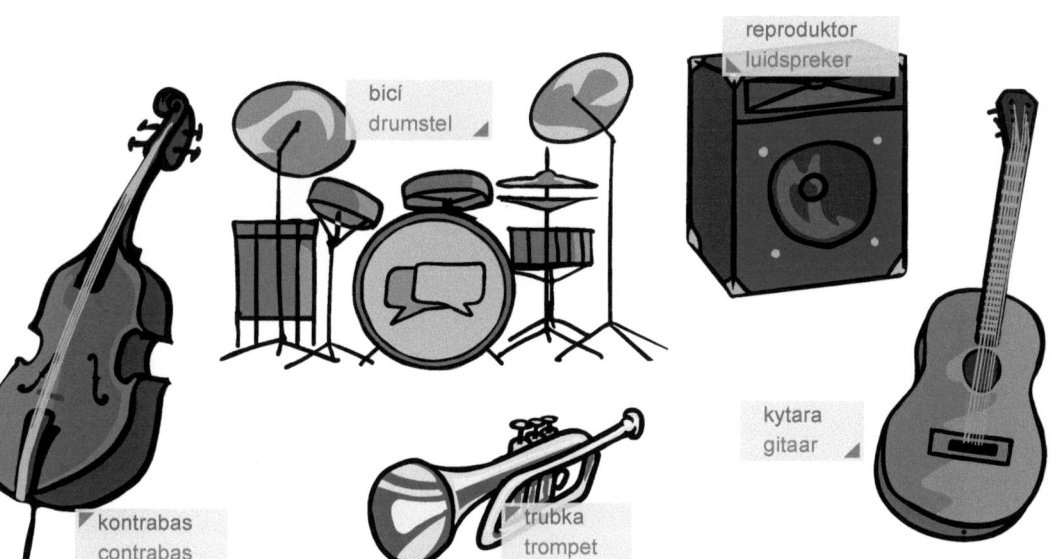

reproduktor
luidspreker

bicí
drumstel

kontrabas
contrabas

trubka
trompet

kytara
gitaar

klavír

piano

housle

viool

basa

basgitaar

tympán

pauk

bubny

trommels

keyboard

keyboard

saxofon

saxofoon

flétna

fluit

mikrofon

microfoon

hudební nástroje - muziekinstrumenten

tygr
tijger

vstup
ingang

klec
kooi

zebra
zebra

krmivo pro zvířata
diereneten

panda
panda

zvířata

dieren

slon

olifant

klokan

kangoeroe

nosorožec

neushoorn

gorila

gorilla

medvěd

beer

velbloud

kameel

pštros

struisvogel

lev

leeuw

opice

aap

plameňák

flamingo

papoušek

papegaai

lední medvěd

ijsbeer

tučňák

pinguïn

žralok

haai

páv

pauw

had

slang

krokodýl

krokodil

ošetřovatel zvířat

dierenverzorger

tuleň

zeehond

jaguár

jaguar

poník

pony

leopard

luipaard

hroch

nijlpaard

žirafa

giraffe

orel

adelaar

divoké prase

wild zwijn

ryby

vis

želva

zeeschildpad

mrož

walrus

liška

vos

gazela

gazelle

americký fotbal
rugby

cyklistika
wielrennen

tenis
tennis

košíková
basketbal

plavání
zwemmen

lední hokej
ijshockey

box
boksen

kopaná
voetbal

badminton
badminton

lehká atletika
atletiek

házená
handbal

běh na lyžích
skiën

vodní pólo
polo

smát se
lachen

skočit
springen

objímat
knuffelen

jít
wandelen

zpívat
zingen

snít
dromen

modlit se
bidden

políbit
kussen

psát
schrijven

kreslit
tekenen

ukazovat
tonen

tlačit
duwen

dát
geven

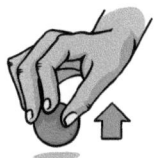

vzít si
nemen

mít

hebben

dělat

doen

být

zijn

stát

staan

běhat

lopen

táhnout

trekken

hodit

gooien

padat

vallen

ležet

liggen

čekat

wachten

nosit

dragen

sedět

zitten

oblékat

aankleden

spát

slapen

vzbudit se

ontwaken

prohlédnout si

kijken naar

plakat

wenen

pohladit

aaien

česat

kammen

hovořit

praten

rozumět

begrijpen

ptát se

vragen

slyšet

luisteren

pít

drinken

jíst

eten

uklidit

opruimen

milovat

houden van

vařit

koken

jet

rijden

letět

vliegen

plachtit

zeilen

počítat

rekenen

číst

Lezen

učit se

leren

pracovat

werken

vzít si

trouwen

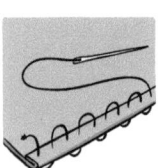

šít

naaien

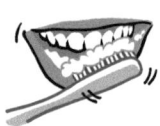

čistit si zuby

tandenpoetsen

zabít

doden

kouřit

roken

poslat

sturen

babička
grootmoeder

dědeček
grootvader

otec
vader

matka
moeder

dítě
baby

dcera
dochter

syn
zoon

host
gast

teta
tante

strýc
oom

bratr
broer

sestra
zus

tělo

lichaam

čelo
voorhoofd
oko
oog
rameno
schouder
prst
vinger
obličej
gezicht
brada
kin
ruka
hand
dolní končetina
been
hruď
borst
paže
arm

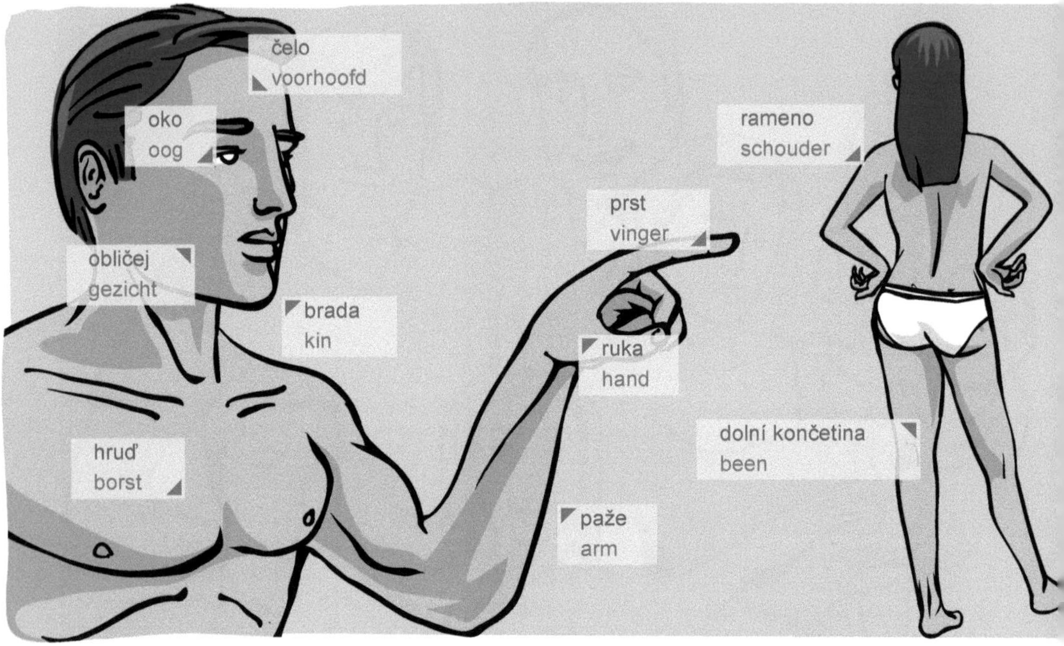

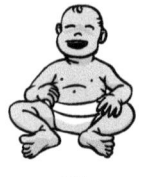

dítě
baby

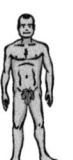

muž
man

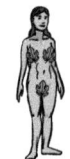

žena
vrouw

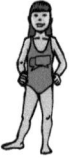

dívka
meisje

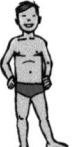

chlapec
jongen

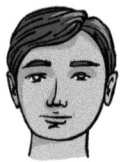

hlava
hoofd

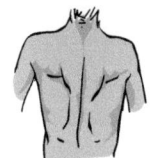

záda

rug

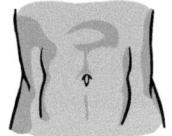

břicho

buik

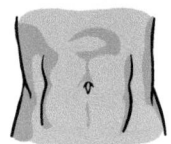

pupík

navel

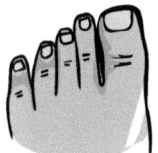

prst na noze

teen

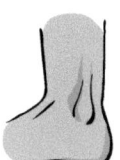

pata

hiel

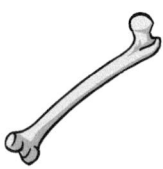

kost

bot

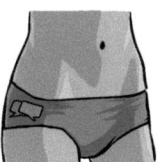

bok

heup

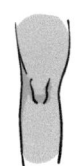

koleno

knie

loket

elleboog

nos

neus

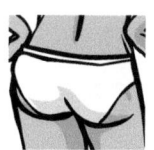

zadek

zitvlak

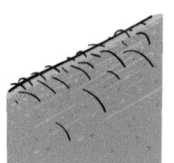

kůže

huid

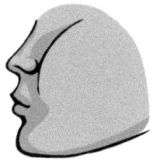

tvář

wang

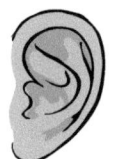

ucho

oor

ret

lip

tělo - lichaam

ústa

mond

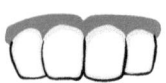

zub

tand

jazyk

tong

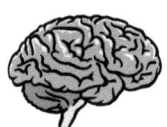

mozek

hersenen

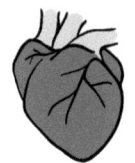

srdce

hart

sval

spier

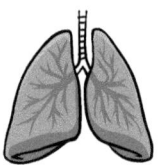

plíce

long

játra

lever

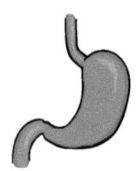

žaludek

maag

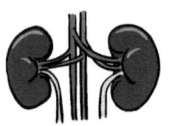

ledviny

nieren

pohlavní styk

seks

kondom

condoom

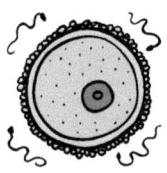

vajíčko

eicel

sperma

sperma

těhotenství

zwangerschap

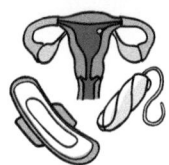

menstruace

menstruatie

vagina

vagina

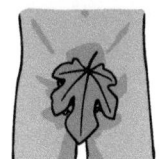

penis

penis

oboří

wenkbrauw

vlasy

haar

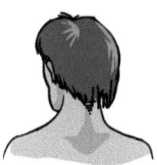

krk

nek

nemocnice
ziekenhuis

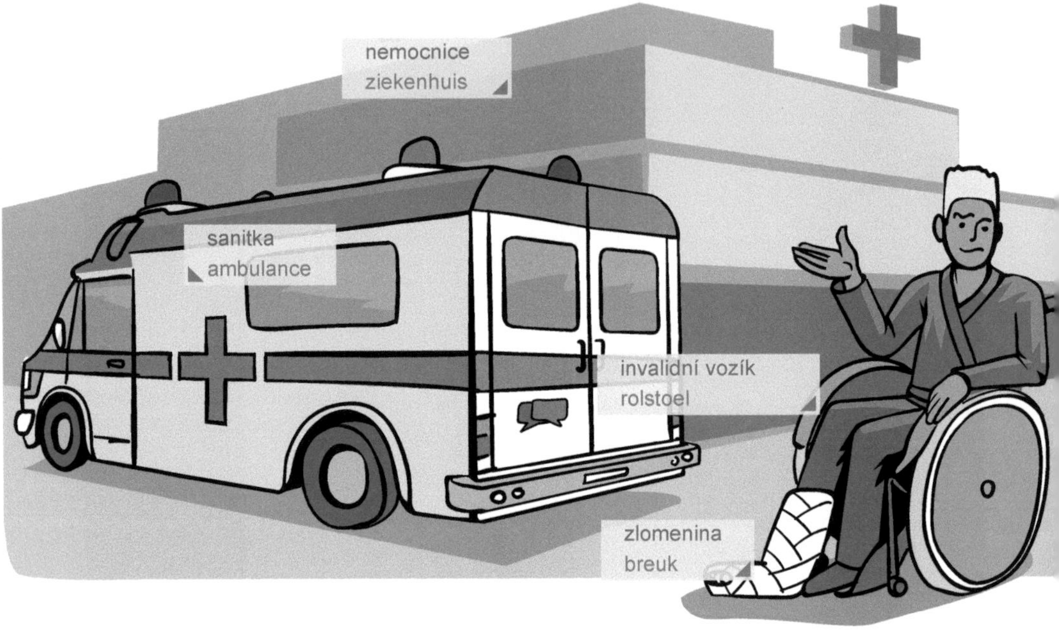

nemocnice
ziekenhuis
sanitka
ambulance
invalidní vozík
rolstoel
zlomenina
breuk

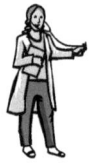

lékař

dokter

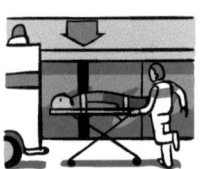

pohotovost

spoed

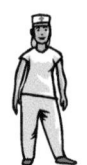

zdravotní sestra

verpleegkundige

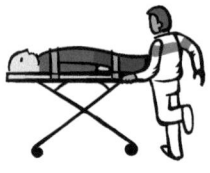

urgentní případ

noodgeval

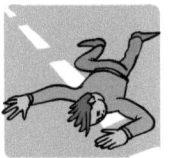

v bezvědomí

bewusteloos

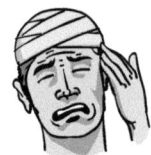

bolest

pijn

úraz

verwonding

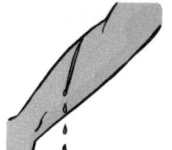

krvácení

bloeding

infarkt myokardu

hartaanval

cévní mozková příhoda

beroerte

alergie

allergie

kašel

hoest

horečka

koorts

chřipka

griep

průjem

diarree

bolest hlavy

hoofdpijn

rakovina

kanker

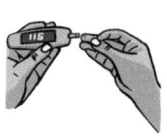

cukrovka

diabetes

chirurg

chirurg

skalpel

scalpel

operace

operatie

CT
CT

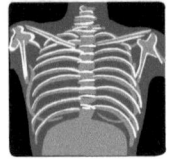

rentgen
röntgenstraal

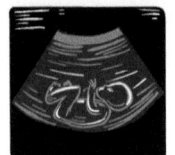

ultrazvuk
ultrageluid

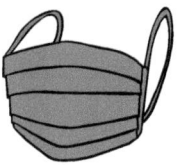

maska
gezichtsmasker

nemoc
ziekte

čekárna
wachtkamer

berle
kruk

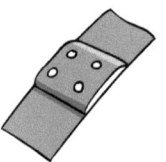

náplast
pleister

obvaz
verband

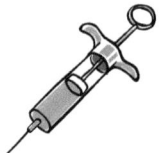

injekce
injectie

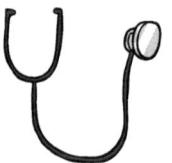

stetoskop
stethoscoop

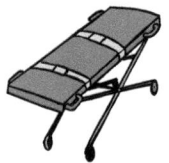

nosítka
brancard

teploměr
thermometer

porod
geboorte

nadváha
overgewicht

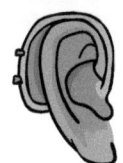

naslouchátko

hoorapparaat

dezinfekční prostředek

ontsmettingsmiddel

infekce

infectie

virus

virus

HIV / AIDS

HIV / AIDS

lékařství

medicijn

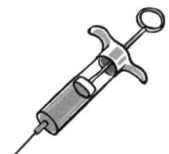

očkování

vaccinatie

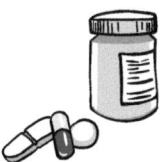

tablety

tabletten

pilulka

pil

tísňové volání

noodoproep

tonometr

bloeddrukmeter

nemocný / zdravý

ziek / gezond

Pomoc!
Help!

poplach
alarm

přepadení
overval

napadení
aanval

nebezpečí
gevaar

nouzový východ
nooduitgang

Hoří!
Brand!

hasicí přístroj
brandblusser

nehoda
ongeval

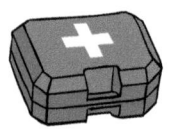

zdravotnická brašna
EHBO-kit

SOS
SOS

policie
politie

Evropa

Europa

Severní Amerika

Noord-Amerika

Jižní Amerika

Zuid-Amerika

Afrika

Afrika

Asie

Azië

Austrálie

Australië

Atlantik

Atlantische Oceaan

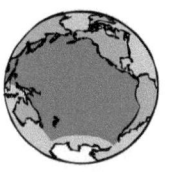

Pacifik

Stille Oceaan

Indický oceán

Indische Oceaan

Jižní ledový oceán

Antarctische Oceaan

Severní ledový oceán

Arctische Oceaan

severní pól

Noordpool

jižní pól

Zuidpool

Antarktida

Antarctica

země

aarde

pevnina

land

moře

zee

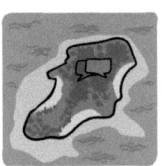

ostrov

eiland

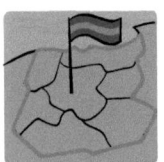

národ

natie

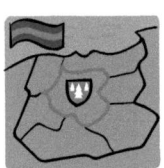

stát

staat

ciferník

wijzerplaat

hodinová ručička

uurwijzer

minutová ručička

minuutwijzer

vteřinová ručička

secondewijzer

Kolik je hodin?

Hoe laat is het?

den

dag

čas

tijd

teď

nu

digitální hodinky

digitale horloge

minuta

minuut

hodina

uur

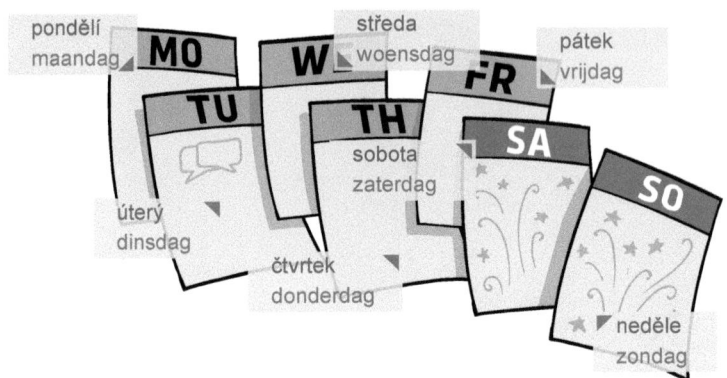

pondělí
maandag

středa
woensdag

pátek
vrijdag

úterý
dinsdag

čtvrtek
donderdag

sobota
zaterdag

neděle
zondag

včera

gisteren

dnes

vandaag

zítra

morgen

ráno

ochtend

poledne

middag

večer

avond

pracovní dny

werkdagen

víkend

weekend

déšť
regen

duha
regenboog

vítr
wind

sníh
sneeuw

jaro
lente

léto
zomer

podzim
herfst

zima
winter

4.APRIL	11°	☀
5.APRIL	4°	☁
6.APRIL	13°	☂
7.APRIL	8°	☀
8.APRIL	10°	❄

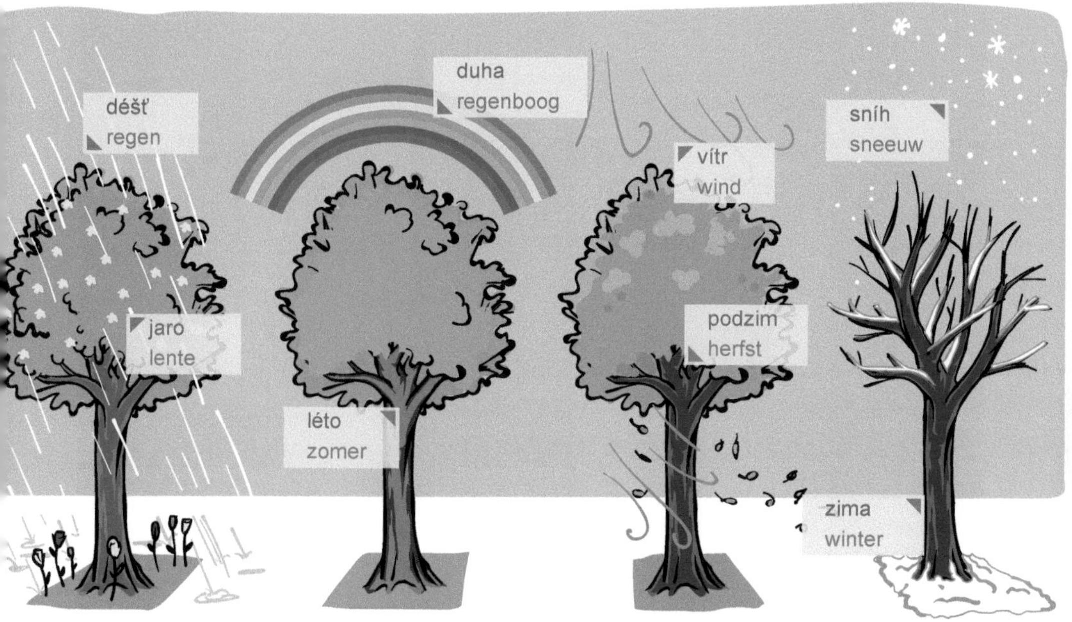

předpověď počasí

weervoorspelling

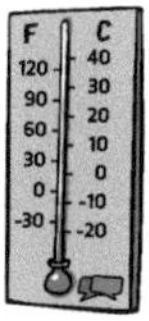

teploměr

thermometer

sluneční svit

zonneschijn

mrak

wolk

mlha

mist

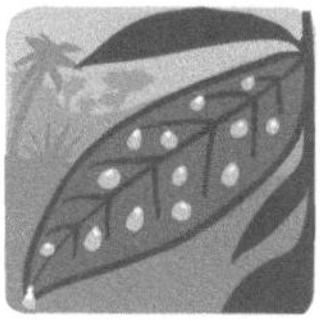

vlhkost

vochtigheid

blesk

bliksem

hrom

donder

bouřka

storm

kroupy

hagel

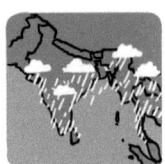

monzun

moesson

povodeň

overstroming

led

ijs

leden

januari

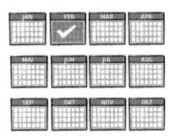

únor

februari

březen

maart

duben

april

květen

mei

červen

juni

červenec

juli

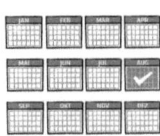

srpen

augustus

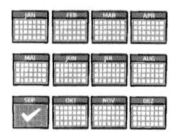

září
....
september

říjen
....
oktober

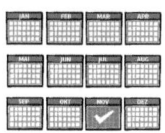

listopad
....
november

prosinec
....
december

tvary

vormen

kruh
....
cirkel

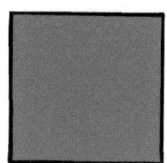

čtverec
....
kwadraat

obdélník
....
rechthoek

trojúhelník
....
driehoek

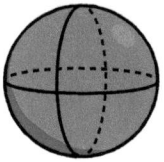

koule
....
bol

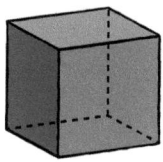

krychle
....
kubus

barvy
kleuren

bílá

wit

žlutá

geel

oranžová

oranje

růžová

roze

červená

rood

fialová

paars

modrá

blauw

zelená

groen

hnědá

bruin

šedá

grijs

černá

zwart

hodně / málo

veel / weinig

rozzuřený / mírumilovný

boos / kalm

krásný / ošklivý

mooi / lelijk

začátek / konec

begin / einde

velký / malý

groot / klein

světlý / tmavý

licht / donker

bratr / sestra

broer / zus

čistý / špinavý

proper / vuil

úplný / neúplný

volledig / onvolledig

den / noc

dag / nacht

mrtvý / živý

dood / levend

široký / úzký

breed / smal

jedlý / nejedlý

eetbaar / oneetbaar

zlý / hodný

kwaadaardig / vriendelijk

vzrušený / znuděný

opgewonden / verveeld

tlustý / hubený

dik / dun

nejdříve / naposledy

eerst / laatst

přítel / nepřítel

vriend / vijand

plný / prázdný

vol / leeg

tvrdý / měkký

hard / zacht

těžký / lehký

zwaar / licht

hlad / žízeň

honger / dorst

nemocný / zdravý

ziek / gezond

ilegální / legální

illegaal / legaal

inteligentní / hloupý

intelligent / dom

vlevo / vpravo

links / rechts

blízko / daleko

dichtbij / veraf

nový / použitý

nieuw / gebruikt

nic / něco

niets / iets

starý / mladý

oud / jong

zapnutý / vypnutý

aan / uit

otevřeno / zavřeno

open / dicht

tichý / hlasitý

stil / luid

bohatý / chudý

rijk / arm

správný / špatný

juist / fout

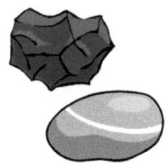

drsný / hladký

ruw / glad

smutný / šťastný

droevig / blij

krátký / dlouhý

kort / lang

pomalý / rychlý

traag / snel

vlhký / suchý

nat / droog

teplý / chladný

warm / koud

válka / mír

oorlog / vrede

0

nula

nul

1

jedna

één

2

dva

twee

3

tři

drie

4

čtyři

vier

5

pět

vijf

6

šest

zes

7

sedm

zeven

8

osm

acht

9

devět

negen

10

deset

tien

11

jedenáct

elf

12

dvanáct

twaalf

13

třináct

dertien

14

čtrnáct

veertien

15

patnáct

vijftien

16

šestnáct

zestien

17

sedmnáct

zeventien

18

osmnáct

achtien

19

devatenáct

negentien

20

dvacet

twintig

100

sto

honderd

1.000

tisíc

duizend

1.000.000

milion

miljoen

angličtina

Engels

americká angličtina

Amerikaans Engels

standardní čínština

Chinees (Mandarijn)

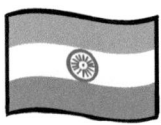

hindština

Hindi

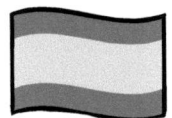

španělština

Spaans

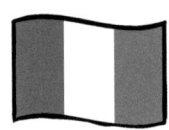

francouzština

Frans

arabština

Arabisch

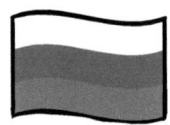

ruština

Russisch

portugalština

Portugees

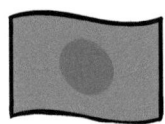

bengálština

Bengali

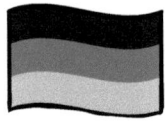

němčina

Duits

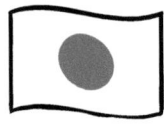

japonština

Japans

já

ik

ty

u

on / ona / ono

hij / zij / het

my

wij

vy

u

oni

ze

Kdo?

wie?

Co?

wat?

Jak?

hoe?

Kde?

waar?

Kdy?

wanneer?

jméno

naam

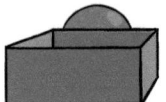

za
....

achter

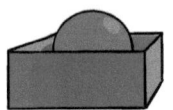

do
....

in

z
....

voor

nad
....

boven

na
....

op

mezi
....

onder

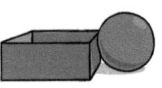

vedle
....

naast

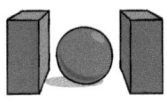

mezi
....

tussen

místo
....

plaats